AF340008

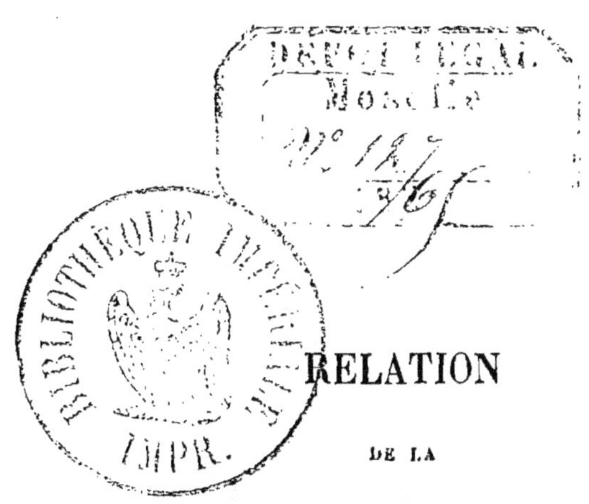

RELATION

DE LA

GUÉRISON D'UNE MALADE

EN PRIÈRE DEVANT LE TRÈS-SAINT SACREMENT.

RELATION

DE LA

GUÉRISON D'UNE MALADE

EN PRIÈRE DEVANT LE TRÈS-SAINT SACREMENT,

le troisième jour de l'Adoration perpétuelle

DANS L'ÉGLISE SAINT-MARTIN, DE METZ,

14 JUIN 1865,

PAR LE CURÉ DE LA PAROISSE.

Il est bon de tenir caché le secret d'un roi ;
mais il y a de l'honneur à faire connaître et à
publier les œuvres de Dieu. (Tob. XII, 7)

<table>
<tr><td>

METZ,

ROUSSEAU-PALLEZ,
Imp. de Mgr l'Évêque,
14, RUE DES CLERCS.

</td><td>

PARIS,

J. LECOFFRE & Cⁱᵉ,
Libraires,
RUE BONAPARTE.

</td></tr>
</table>

1865.

METZ. — TYPOGRAPHIE DE ROUSSEAU-PALLEZ.

ÉVÊCHÉ DE METZ.

Ayant jugé la relation suivante aussi édifiante que conforme à la vérité des faits, nous en avons autorisé l'impression. Rien ne nous paraît plus propre que la lecture de ce simple récit, à pénétrer tous les cœurs d'un vif sentiment de foi, de confiance et d'amour envers Jésus-Christ caché dans l'Eucharistie, et à augmenter encore, s'il est possible, dans notre religieux diocèse, la dévotion des fidèles pour l'admirable Institution de l'Adoration perpétuelle du Saint-Sacrement. Ils remarqueront, en effet, que c'est pendant que ces pieux exercices se célébraient dans l'église paroissiale de Saint-Martin, que Notre-Seigneur, comme pour témoigner combien il les a pour agréables, a voulu laisser tomber de son cœur une grâce privilégiée, en guérissant une jeune malade qui s'était fait porter à ses pieds, au moment même où elle lui disait avec une foi vive et une humble confiance : « Seigneur, si vous voulez, vous pouvez me guérir. »

A Metz, le 8 septembre 1865.

† PAUL, *Évêque de Metz.*

RELATION

DE LA

GUÉRISON D'UNE MALADE

en prière devant le Très-Saint Sacrement,

LE TROISIÈME JOUR DE L'ADORATION PERPÉTUELLE

DANS L'ÉGLISE SAINT-MARTIN, DE METZ,

14 JUIN 1865,

PAR LE CURÉ DE LA PAROISSE.

Il est bon de tenir caché le secret d'un roi ;
mais il y a de l'honneur à faire connaître et à
publier les œuvres de Dieu. (Tob. XII, 7.)

Pour montrer l'œuvre de Dieu dans la guérison qui fait le sujet de ce récit, j'exposerai avec quelques détails et en toute simplicité : 1º l'invasion et les progrès du mal, la multitude et la variété des traitements entrepris sans succès, la gravité croissante d'infirmités jugées incurables ; 2º la guérison soudaine et universelle de ces infirmités, les circonstances qui l'ont accompagnée ou qui l'ont suivie. Ainsi, quiconque ne tiendra pas les yeux volontairement fermés reconnaîtra, je crois, facilement l'œuvre divine qui éclate à son heure, après que l'œuvre des hommes a été, nonobstant le savoir et le dévouement, convaincue de faiblesse et d'impuissance.

I.

Mlle Anne de Cléry (que désormais je désignerai simplement par son nom de baptême) était, en 1855, pensionnaire au Sacré-Cœur de Metz. Elle avait alors treize ans, et venait d'en passer deux en Afrique qu'habite encore son père, aujourd'hui Procureur général à la Cour impériale d'Alger. Ce climat ayant été funeste à la santé de Mme de Cléry, celle-ci s'était trouvée dans la nécessité de revenir pour quelque temps à Metz, et y avait ramené ses deux filles dont l'aînée entra plus tard en religion. Quant à leurs frères, qui sont présentement, l'un procureur impérial, l'autre substitut, ils avaient été mis, avant cette époque, à l'institution dirigée par M. l'abbé d'Alzon, à Nîmes. Anne, la plus jeune des quatre enfants, s'alarmait beaucoup de l'état de santé de sa mère; elle priait avec ferveur pour son rétablissement, et plus d'une fois, faisant à Dieu la plus touchante oblation, elle avait demandé d'être malade à sa place. On pensera facilement que cet acte de piété filiale a dû, quand la mère en eut surpris le secret, redoubler ses affections pour la bonne enfant, et qu'il a pu aussi contribuer à l'inaltérable résignation de celle-ci pendant les longs jours d'épreuves qui lui étaient réservés.

Lors de son entrée en pension, Anne, avec l'apparence d'une constitution frêle, jouissait néanmoins d'une bonne santé; elle avait surtout une vivacité, je dirais presque une pétulance peu ordinaire. Insensiblement elle parut fatiguée et devint dolente. On lui donna les soins prescrits par le médecin, et rien ne faisait craindre à la mère une maladie prochaine, encore moins une maladie grave, lorsque Madame la Supérieure du Sacré-Cœur, voyant les forces de la jeune pensionnaire diminuer chaque jour, crut prudent de la rendre à sa famille.

Anne était revenue auprès de sa mère le Jeudi-Saint 1856. De jour en jour elle avait plus de peine à marcher, comme aussi à digérer les aliments les plus légers ; il lui arrivait souvent de s'évanouir après le repas. Le dimanche de *Quasimodo*, elle se trouva mal à l'église, à la fin de la messe à laquelle elle avait communié, et bientôt la fièvre vint aggraver encore un état déjà si pénible. Alors commença cette longue série de souffrances, embrassant une période de neuf années, et à laquelle il a plu à Dieu de mettre un terme d'une manière merveilleuse.

Le médecin ayant jugé l'air de la campagne salutaire à l'état de la malade, elle fut envoyée à Plappeville, où vit dans une retraite hospitalière à tous les siens le père de Mme de Cléry, président de chambre honoraire à la Cour impériale de Metz. Mme de Cléry, retenue auprès de sa belle-mère très-malade aussi, n'avait pu accompagner sa fille. Sous la surveillance de l'excellent aïeul, M. de Coulon, la médication prescrite était exécutée avec une grande ponctualité ; on forçait notamment la faible enfant à un fréquent exercice, à des promenades multipliées, qui devenaient pour elle un incroyable supplice, tout en n'apportant aucune amélioration à son état. Après quelque temps, elle demanda et obtint de retourner auprès de sa mère, mais elle n'y jouit pas d'un long repos. La fièvre se maintenant toujours, et l'air de la campagne étant toujours déclaré le remède suprême, Anne fut de nouveau conduite à Plappeville ; cette fois, heureusement, sa mère put ne point s'en séparer. Le bien qu'on espérait ne se réalisa point; la fièvre devint au contraire plus violente, et tous les jours, durant six semaines, la malade en avait régulièrement trois accès, accompagnés de sueurs qui achevaient de l'affaiblir. La quinine, administrée à fréquentes doses, triompha enfin du mal; mais la victoire fut chèrement acquise. Il se produisit à sa suite un tel désordre dans certains organes, que les fonctions les plus nécessaires ne s'accomplirent point pendant dix-sept jours consécutifs; la voix était éteinte, tous les membres s'étaient raidis; et quiconque a vu, comme moi, la pauvre enfant ayant la blancheur et la rigidité d'une statue d'albâtre, s'étonne qu'elle ait pu survivre. Sa mère, se croyant au moment de la perdre, la voua, si elle lui était conservée, aux couleurs de la sainte Vierge jusqu'à l'âge de vingt-un ans; de son côté, l'enfant, quand on put le lui apprendre, ratifia de bon cœur cet engagement auquel elle a été constamment fidèle, et qui consiste, comme on sait, à ne porter que des vêtements de couleur blanche ou bleue.

Anne revint peu à peu à la vie; mais la maladie a laissé de cruelles traces que la science s'efforcera en vain, en employant l'eau et le feu, tous les moyens possibles, de faire disparaître. Les jambes de la jeune fille, atteintes de paralysie, ne peuvent plus la porter; et sa tête, pour se soutenir, a besoin d'un continuel appui. Le médecin fit l'essai de douches sur l'épine dorsale; l'opération était difficile, d'ailleurs infructueuse, et, comme l'hiver approchait, on la cessa pour ramener l'infirme en ville. Alors il eut recours au fer rouge et à la strichnine. Les brûlures sur le dos furent continuées, de trois jours l'un, pendant six semaines; mais la tendresse maternelle, rebelle à la médecine, n'avait pas souffert longtemps l'emploi du toxique, qui mettait l'enfant, pour plusieurs heures, comme dans un état de mort.

Au printemps de 1857, Anne fut envoyée aux eaux d'Aix en Savoie. Elle logea avec sa mère dans la maison même d'un des plus célèbres médecins du lieu, et elle reçut, sous sa direction, pendant une double saison, les douches les plus fortes, sans en ressentir le moindre bien. Un second médecin ayant été appelé, les deux confrères décidèrent qu'il fallait conduire la malade à Paris pour y consulter l'un des maîtres dans l'art de guérir. Les longs voyages devenaient un surcroît de peine : on était obligé de porter Anne tantôt aux voitures, tantôt aux wagons dont on changeait fréquemment, et de la tenir sur le giron dans les salles d'attente. La bonne et dévouée Susanne Venner, aujourd'hui sœur converse chez les Carmélites, a rendu, dans toutes ces difficiles circonstances, des services qui ne peuvent être oubliés. A Paris, le praticien renommé auquel Mme de Cléry donna sa confiance, essaya de traiter la malade par l'électricité ; mais ce traitement, dont lui-même n'espérait pas un grand résultat, fut bientôt abandonné, parce qu'il répugnait trop à la jeune fille, et on revint à Metz.

J'ai sous les yeux la consultation donnée à cette occasion par le consciencieux docteur. Quoique le départ de la malade ne lui ait pas permis de prolonger l'examen auquel il s'est livré, il a reconnu que « le système musculaire et prin-
» cipalement les muscles extenseurs de la colonne vertébrale
» sont atrophiés, en conservant encore un reste de contrac-
» tilité. Je pense, ajoute-t-il, que Mlle Anne est affectée de
» la maladie décrite sous le nom de *Paralysie musculaire*
» *atrophique*... Si la cause de l'atrophie musculaire est,
» comme je suis fondé à le croire, subordonnée à l'atrophie

» des racines antérieures des nerfs spinaux, je crains bien
» que toutes les médications ne soient sans effet. » Le docteur a pu, peu de temps après, réitérer son examen, ce qui
ne modifia en rien son jugement.

La pauvre infirme était à peine de retour à Metz depuis
un mois, qu'on la fit partir pour les bains de mer. M. de
Cléry, que la maladie d'Anne devait priver si longtemps du
bonheur de la vie de famille, ayant pris un congé, était venu
rejoindre sa femme et sa fille à Paris. Il voulut, après que
le docteur eut de nouveau examiné l'état de la malade, avoir
avec lui un entretien particulier. Lorsqu'il en sortit, les
yeux pleins de larmes et gardant un morne silence, Mme de
Cléry n'eut pas besoin de l'interroger, elle n'avait que trop
compris ! On se rendit néanmoins aux bains de mer qui
furent plus nuisibles qu'utiles ; et quand, en repassant par
Paris, on vit le docteur une dernière fois, il ne donna d'autre
conseil que celui d'un repos absolu.

Mais tel n'était pas l'avis de son confrère de Metz. Celui-
ci espérait contre toute espérance ; et si la constance bien-
veillante de ses efforts augmenta les tourments de la pauvre
Anne, elle démontra aussi de plus en plus l'impuissance de
l'œuvre humaine. Pour obéir donc au docteur, on fit aux
jambes de la malade des frictions avec des orties, plus tard
avec de la neige ; on la mit dans des bains sulfureux, dans
des bains composés de marcs de raisins, de gélatine, etc.
Cependant son état, loin de s'améliorer, allait en empirant,
et, en 1858, les jambes, toujours privées de vigueur et de
vie, commencèrent à se retirer en arrière ; à l'atrophie se
joignait la contraction. Le médecin, luttant contre cet accroissement de mal avec un redoublement d'énergie, fit
multiplier les frictions, ordonna de faire de fréquentes et

fortes pesées sur les genoux de la malade pour forcer les jambes à s'étendre, de refuser à ses pieds, quand elle était assise, le secours d'un tabouret, de mouvoir souvent toute sa personne en la roulant même par terre. Ces ordres étaient plus religieusement exécutés par d'autres que par la mère qui manquait de courage pour s'y conformer, surtout après qu'elle se fut convaincue, en s'asseyant un jour et en pesant de tout son corps sur les genoux de sa chère malade, que les jambes, comme arc-boutées, opposaient une résistance invincible. Il s'était formé sous chaque genou, par la rétraction des muscles, une sorte de nœud de la grosseur d'un doigt, que Dieu seul pourra défaire.

Toutefois, l'année suivante, comme on parlait beaucoup de cures extraordinaires obtenues à Strasbourg au moyen d'une certaine gymnastique, Mme de Cléry se soumit encore à conduire Anne dans cette ville. Mais l'habile opérateur auquel elle avait été adressée, ayant examiné l'état de la malade, n'eut pas confiance dans le succès de ses instruments; il se borna à essayer de nouvelles frictions sur l'épine du dos et sur les jambes pendant plusieurs semaines, et finit par déclarer qu'on ne détruirait, qu'en les tranchant avec le fer, les nœuds obstinés. Un des premiers médecins de Strasbourg, qui dans le même temps visitait aussi la malade, dit alors très-explicitement à la pauvre mère ce qu'elle avait pu conjecturer déjà après le voyage d'Aix et dont elle ne pouvait plus douter depuis les voyages de Paris : « Votre enfant restera infirme ! » Et il ajouta : « Tous les moyens de guérison ont été épuisés. Maintenant rendez-lui du moins la vie supportable en supprimant les remèdes et en lui épargnant les tortures. »

De retour à Metz, Mme de Cléry crut donc son devoir

d'accord avec son cœur en ne permettant plus d'expériences ou d'essais d'aucune sorte. Par déférence néanmoins pour le médecin dont elle honorait le zèle, tout en n'espérant plus en son art, elle consentit encore à ce qu'il entreprît de faire marcher l'infirme au moyen de béquilles. Vaine tentative : la pauvre enfant, ne pouvant poser les pieds à terre, ne parvenait point à se tenir en équilibre sur les malencontreux engins, et il lui fallait le soutien de plusieurs personnes pour ne pas être incessamment jetée à la renverse. Quand on la voyait peiner inutilement à cet exercice impossible, on était touché de compassion ; et plusieurs personnes, je fus du nombre, intervinrent pour qu'on la laissât enfin en paix. Ainsi finirent les essais ou les traitements si variés et si nombreux, souvent si pénibles, qui s'étaient succédé sans intermission comme sans succès pendant plus de trois ans.

Depuis cette époque, c'est-à-dire depuis le milieu de l'année 1859, Anne n'a plus vu de médecin ni reçu d'autres soins que ceux de sa mère. Cependant les infirmités de la pauvre enfant augmentaient toujours. Ne pouvant presque plus digérer aucune nourriture, elle était arrivée à un état de maigreur et de faiblesse extrêmes ; de violents maux de tête, qui lui reprenaient régulièrement deux ou trois fois la semaine, ajoutaient encore à son abattement ; on ne pouvait la poser de son lit sur un canapé sans lui causer des souffrances qui se manifestaient aussitôt par un signe étrange : ses paupières se coloraient d'un rouge sanguin, donnant à sa physionomie une incomparable expression de douleur. La paralysie, en outre, menaçait par intervalles d'envahir les bras, seuls membres dont la malade eût conservé l'usage, et de la priver d'une précieuse ressource de distraction en lui ôtant la faculté du petit travail des doigts. Enfin l'avenir de la jeune fille apparaissait de plus en plus triste et effrayant aux regards humains; mais le temps venait, au contraire, que Dieu avait marqué pour l'accomplissement de son œuvre.

II.

Résignée à l'arrêt qui la condamnait à rester infirme toute sa vie, ou plutôt résignée à la volonté de Dieu, Anne était soutenue dans ses épreuves par une piété solide et se consolait par la prière. Souvent sa foi lui avait dit que Dieu pouvait la guérir miraculeusement; mais elle n'osait espérer ni même désirer cette grâce insigne, tant elle se regardait, selon ses propres paroles, comme une enfant privilégiée de la sainte Croix. Aussi acceptait-elle plutôt qu'elle n'accueillait les *neuvaines* plus d'une fois entreprises pour elle à quelque sanctuaire célèbre, et qui lui laissaient ordinairement un grand trouble. Cependant la nouvelle s'étant accréditée par erreur que la sainte Robe de Notre-Seigneur serait prochainement exposée à Trèves, elle se sentit un vif désir de pouvoir y être transportée et une entière confiance que, si elle pouvait toucher le précieux Vêtement, elle serait guérie; puis bientôt elle se remit entre les mains de Dieu, en se disant que nous avons dans nos églises plus que la Robe de Notre-Seigneur, puisque nous y possédons le Seigneur lui-même.

La pieuse fille avait pour le Très-Saint Sacrement, dans lequel Jésus-Christ daigne demeurer au milieu des hommes, une dévotion toute particulière, qu'elle plaçait au-dessus de toute autre, la considérant avec raison comme la dévotion par excellence. Toutes les semaines, depuis plusieurs années, le prêtre lui portait l'Eucharistie. Les jours de Communion, même dans ses plus fortes souffrances, elle se trouvait heureuse ; et, si elle aurait encore voulu être guérie, ce n'était qu'afin de pouvoir, en se rendant à l'église, communier plus fréquemment. Tous les moments qu'il lui était possible de donner au travail, étant continuellement couchée sur son lit, la tête appuyée sur l'oreiller, elle les employait de préférence à quelque broderie pour les nappes de l'Autel ou à la confection de fleurs pour les reposoirs de la Fête-Dieu. Mais jamais elle n'avait mis tant d'ardeur ni trouvé tant de charme à travailler pour Notre-Seigneur qu'à l'approche de l'Adoration perpétuelle à Saint-Martin. Elle demandait avec les plus vives instances qu'on lui laissât le soin, à elle seule, de faire toutes les roses blanches qui devaient servir à orner le saint lieu environnant le Tabernacle, et elle en confectionna, en effet, plusieurs centaines. « J'étais, a-t-elle dit depuis, bien consolée pendant ce travail, la pensée me venant quelquefois que je pourrais être guérie par le Saint-Sacrement. » Toutefois, constamment calme, elle ne se livrait à cette pensée qu'avec réserve, craignant d'être le jouet d'une illusion et de perdre peut-être sa résignation habituelle dont elle sentait également le prix et le besoin.

Autrefois, la pauvre infirme avait pu encore, moyennant quelques souffrances qu'elle endurait volontiers, se faire porter à l'église pour avoir le bonheur d'adorer Notre-Seigneur une ou deux fois l'an, aux époques solennelles de la Fête-Dieu ou des Quarante-Heures ; mais depuis longtemps cela lui était devenu absolument impossible, quelque facile qu'il soit de se rendre de l'hôtel du Coëtlosquet, dans lequel Mme de Cléry occupe un appartement, à la paroisse, en traversant le jardin. Si je ne savais donc que pour atteindre ses fins, Dieu dispose toutes choses d'une manière souvent contraire à nos pensées, je ne comprendrais point que, dans l'état où je vis la malade quelques jours avant l'Adoration perpétuelle, j'eusse pu l'engager à se faire porter à l'église pendant cette solennité. La chose lui parut, en effet, d'une exécution fort difficile : « Je serai d'ailleurs incapable de prier, » ajoutait-elle, en me témoignant plus de désir que d'espérance de se rendre à mon invitation. Je dois dire qu'en la lui faisant, je n'avais d'autre but que de lui procurer des consolations et des grâces spirituelles. J'ai pu penser aussi, car Dieu n'en aurait été nullement offensé, qu'il serait agréable à la jeune fille de remarquer, aux alentours de l'autel, les délicats ouvrages de ses mains, et de voir, dans leur harmonieux ensemble, les décorations du lieu saint qui firent tant d'honneur au zèle et au goût d'un de ses proches, M. Auguste Mennessier [1].

L'Adoration perpétuelle avait lieu, dans l'église Saint-Martin, les 12, 13 et 14 juin 1865. Les deux premiers jours s'étaient passés sans qu'il eût été possible de transporter la malade : elle avait des douleurs de tête atroces, on ne pouvait la soulever de sa couche ni presque la toucher. Le troisième jour, elle souffrait encore beaucoup, et on eut bien de la peine à lui mettre une simple robe, qu'elle désirait néanmoins revêtir pour se présenter d'une manière

[1] La mère de MM. Mennessier et celle de MM. de Cléry, le procureur général et le major du génie, étaient sœurs.

convenable dans la Maison de Dieu. Déjà le même sentiment de respect lui avait suggéré la pensée de se pourvoir d'une chaussure dont elle manquait, ses pieds depuis longtemps en ayant perdu l'usage; mais Dieu avait d'autres desseins, et elle aussi y coopérait à son insu.

Le mercredi 14 juin, Anne avait, le matin, communié sur son lit. A midi, qui était l'heure indiquée par le règlement paroissial pour le tour d'adoration des habitants de la rue où est situé l'hôtel du Coëtlosquet, elle arrivait à l'église, portée, à l'âge de vingt-trois ans, comme une enfant de quelques mois, dans les bras de Clémentine, sa femme de chambre, qui, s'étant assise dans le dernier banc du côté gauche de la grande allée, la tint sur ses genoux. Mme de Cléry et Mlle Thérèse du Coëtlosquet, qui l'avaient accompagnée, s'agenouillèrent, l'une à côté d'elle, l'autre dans le banc au-dessus, la dérobant ainsi, autant qu'elles pouvaient, aux regards importuns des passants. Mme et Mlle Pauline du Coëtlosquet avaient précédé et s'étaient placées dans une autre partie de l'église. Toutes ne pensaient qu'à adorer, à prier; personne, ni la paralytique elle-même, n'étaient dans l'attente des choses merveilleuses qui allaient s'accomplir.

Après s'être un peu remise de la fatigue du trajet, qui commençait à produire l'effet ordinaire et si pénible de la rougeur des yeux, Anne resta quelques minutes en adoration; puis, regardant le Saint-Sacrement, elle répétait la prière que souvent elle avait faite les jours de Communion: « Seigneur, si vous voulez, vous pouvez me guérir. » Au même instant elle ressentit dans tous les membres des douleurs tellement fortes qu'elle dut faire un grand effort pour ne pas pousser des cris; elle priait pour demander la grâce de se contenir, et elle ajoutait : « Si votre volonté, mon Dieu, est qu'on me reporte encore une fois sur mon lit, du moins donnez-moi toujours la résignation. » Ce qui se passa ensuite entre Dieu et elle, je ne puis le dire. Alors elle fut comme inondée, toute pénétrée de foi, et selon son expression, elle se sentait guérir. Elle voulut se mettre à genoux ; sa femme de chambre la retenait en lui disant avec une grande candeur : « Vous tomberiez, mademoiselle ! » Mais Anne s'y précipite, faisant entendre aux personnes dont elle est entourée ces paroles qui les frappent de stupeur : « Priez, priez ! je guéris ! »

L'émotion était au comble ; les sanglots se mêlaient à la prière. Madame de Cléry, troublée, éperdue, ne sachant ce qu'elle faisait, partagée entre l'espérance et la crainte, fait lever sa fille et l'emmène hors de l'église. Elle n'en peut croire ses yeux quand elle la voit poser les pieds à terre et marcher avec le simple secours d'un bras. On s'arrête dans le jardin traversé peu de temps auparavant dans des circonstances bien différentes, et on entre dans le petit salon qui s'y trouve. La pauvre mère n'est entièrement rassurée que lorsque, portant la main aux jambes de sa chère enfant, elle constate que les gros nœuds qui les retiraient en arrière n'existent plus.

Cependant Anne demandait avec instance qu'on la laissât retourner à l'église, où étant rentrée elle resta à genoux devant le Très-Saint Sacrement pendant trois quarts d'heure, ne ressentant pas la moindre fatigue et faisant aux actes de foi succéder des actes de reconnaissance et d'amour.

Informé de ce qui venait d'arriver, je me rendis au petit salon du jardin, où je fis à peine attention aux personnes qui y étaient réunies autour d'Anne. Je ne vis qu'elle, et je la considérais en silence et plein d'étonnement, tandis qu'elle me montrait, en glorifiant Dieu, qu'elle pouvait étendre ses jambes, marcher, se mettre à genoux, et tenir aussi sa tête sans l'appuyer.

Anne était guérie.

Dieu avait accompli son œuvre; et l'œuvre de Dieu, accomplie en un instant, était parfaite. Toutes les infirmités auxquelles était assujettie la pauvre enfant ont disparu en même temps que la paralysie; la faiblesse qui suit toujours les longues maladies, cette faiblesse même ne se fera point sentir. Les preuves en surabonderont tous les jours.

L'heure des Vêpres approchait. Anne exprima l'intention d'y assister. Ne consultant que la prudence humaine, car je ne savais pas encore combien, avec la santé, Dieu lui avait accordé de forces, je l'exhortai à prendre du repos, ou du moins, si elle voulait absolument revenir ce jour encore à l'église, à rester dans le petit salon jusque vers le moment de la Bénédiction. Anne se soumit; mais, lorsque commença le chant de l'hymne et que retentirent à ses oreilles les paroles: *Pange, lingua...* « Chante, ô ma langue, le mystère du glorieux Corps de Jésus-Christ, » elle n'y put résister et vint aussitôt se mêler à la foule qui remplissait le lieu saint.

Le lendemain, qui était le jour même de l'occurrence de la Fête-Dieu, elle assista à une messe d'action de grâces et y communia, agenouillée au milieu d'autres fidèles à la Table sainte, bonheur qu'elle n'avait pas eu depuis neuf ans; un peu plus tard, on la voyait à la grand'messe célébrée à la paroisse, chaque jeudi, en l'honneur du Saint-Sacrement, et dans l'après-midi, on la retrouvait à l'église, témoignant, dans une longue visite, de plus en plus sa gratitude à Notre-Seigneur.

Trois jours après, c'est-à-dire le dimanche auquel, en France, est transférée la solennité de la Fête-Dieu avec son octave, Anne passa près de sept heures devant le Très-Saint Sacrement, soit en assistant à tous les offices du matin et du soir, soit en venant adorer. Aux observations qu'on lui faisait sur une ferveur paraissant indiscrète, elle répondait que, loin d'en craindre le moindre inconvénient, elle sentait au contraire, chaque fois qu'elle se trouvait aux pieds de Notre-Seigneur, augmenter en elle les forces et la vie.

La Procession du Saint-Sacrement, dans les paroisses de Metz, a lieu dans la matinée du dimanche qui clôt l'Octave de la solennité. Anne désirait ardemment de prendre part à celle de Saint-Martin : elle voulait que ses premiers pas dans la rue fussent consacrés à accompagner le triomphe de Notre-Seigneur ; dans ce pieux dessein, elle n'a fréquenté encore d'autre maison que la Maison de Dieu, où elle se rendait assidument par le jardin, qu'elle avait d'ailleurs grand plaisir à traverser, puisque là avait été faits, en partie, les apprêts pour la solennité de l'Adoration perpétuelle. Son désir s'est accompli. On a vu la paralytique, qui si longtemps n'avait pas quitté son lit et que naguère on avait apportée sur les bras à l'église, on l'a vue, le onzième jour après sa guérison, vêtue de blanc, suivre la bannière de la sainte Vierge, et au retour de la Procession, dont la marche avait duré environ cinq quarts d'heure, assister à la messe solennelle, sans plus de lassitude peut-être, mais avec plus de joie que les jeunes personnes les plus ferventes et les plus fortes.

Depuis le mémorable jour du 14 juin jusqu'à celui où je termine cet écrit, deux mois et demi se sont écoulés. Pendant ce temps déjà long, celle qui s'était appelée l'enfant de la Croix et que maintenant on nomme l'enfant du Miracle n'a ressenti aucune de ses souffrances passées : elle a pu prendre et digérer indistinctement toute sorte d'aliments ; elle a pu faire des courses à pied ou en voiture, voyager en chemin de fer ; la migraine, la rougeur des paupières n'ont pas reparu une seule fois ; la tête, portée naturellement, n'a plus eu un seul instant besoin d'être soutenue, et les jambes, qui étaient restées ce qu'elles furent à l'âge de treize ans, n'ont pas tardé à prendre un accroissement sensible. La jeune fille, dès les premiers jours, s'est trouvée assez vigoureuse pour vouloir être elle-même sa chambrière, et elle disait en souriant : « Si le bon Dieu ne m'a pas dit, comme au paralytique dans l'Évangile, d'emporter mon lit et de marcher, il m'a pourtant dit, comme à lui, de marcher, et il m'a donné assez de force pour que du moins je fasse mon lit. »

Le bruit de la guérison miraculeuse de Mlle de Cléry est aujourd'hui répandu au loin, et partout où il est parvenu il a excité une admiration très-grande. A Metz surtout, cet événement a produit une impression profonde qui, dans les premiers jours, avait un caractère particulièrement touchant. Tout le monde s'entretenait du miracle, et la plupart des personnes qui s'en entretenaient se sentaient émues, attendries ; celles, en grand nombre, qui rendirent visite à l'ancienne paralytique qu'elles avaient connue dans ses jours de douleurs, ne pouvaient retenir leurs larmes en voyant le changement opéré en elle, et s'en retournaient en louant Dieu. Le médecin qui l'avait longtemps soignée se présenta un des premiers ; en sa personne, la science aussi venait rendre gloire à Dieu. Le docteur, en effet, tendant la main

à Mlle de Cléry qui faisait quelques pas à sa rencontre,
prononça ces paroles qu'il me répéta ensuite à moi-même :
« Dieu a été plus fort que les hommes ! »

Loué et adoré soit à jamais le Très-Saint Sacrement !

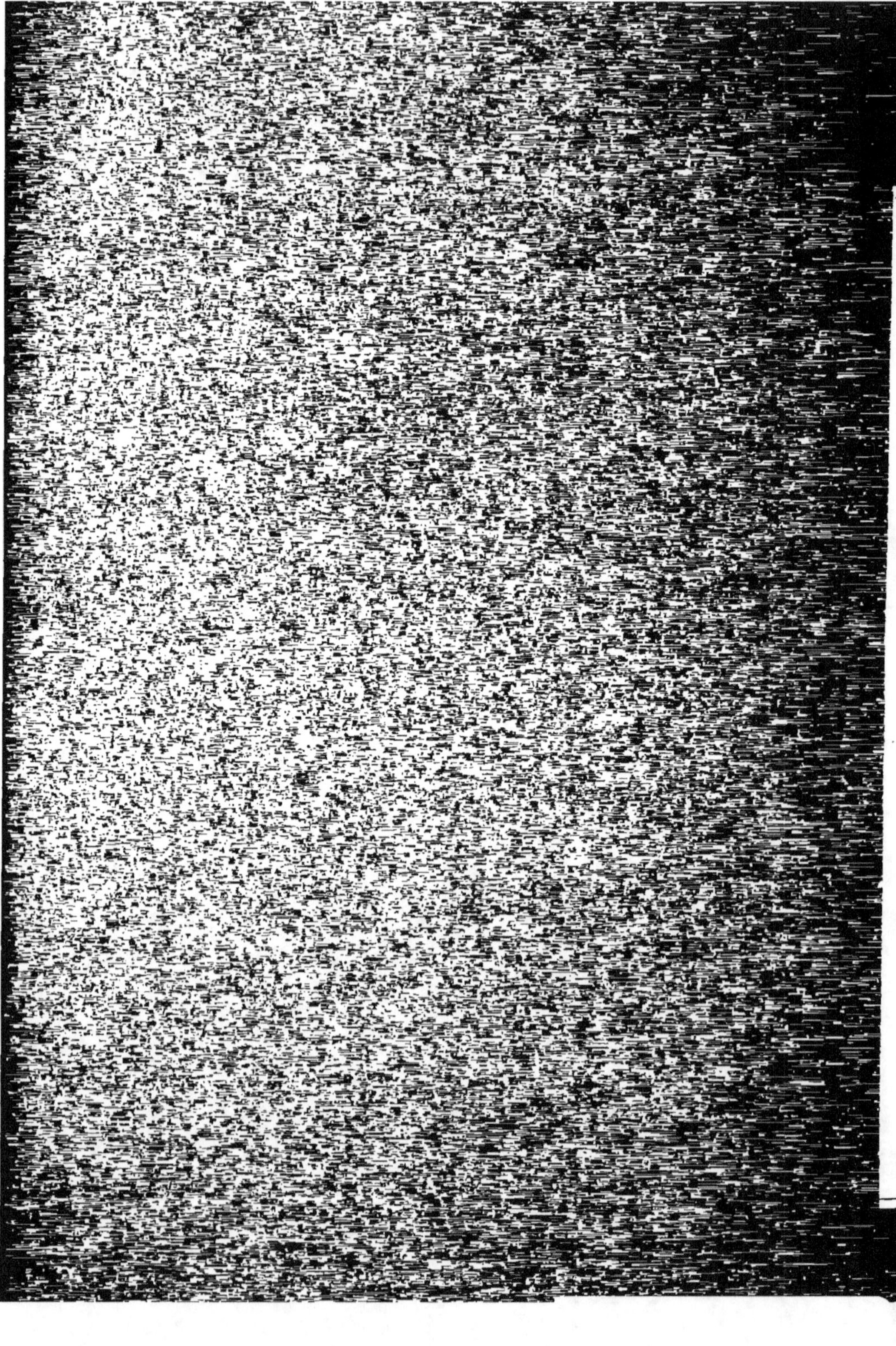